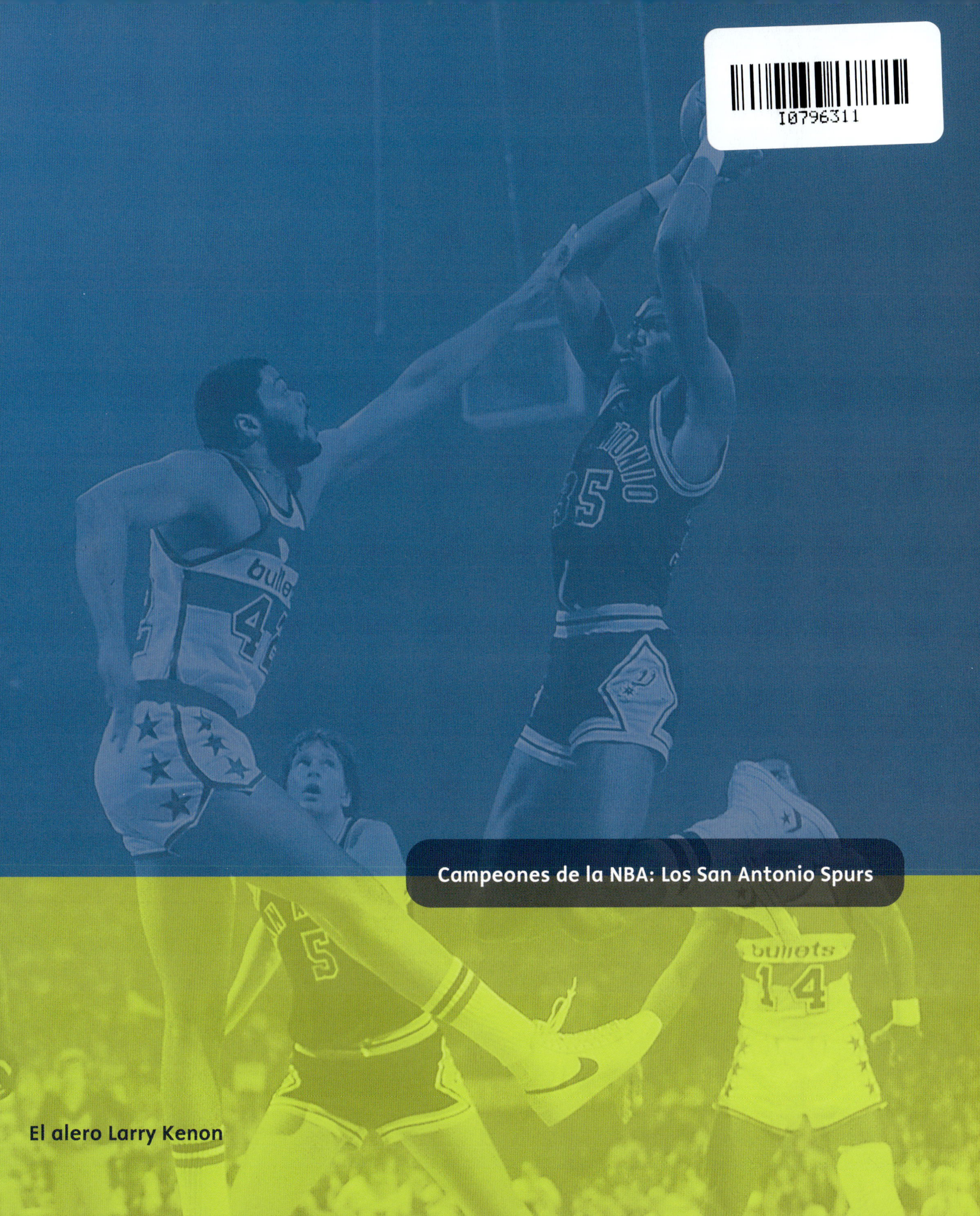

Campeones de la NBA: Los San Antonio Spurs

El alero Larry Kenon

El centro David Robinson

CAMPEONES DE LA NBA

LOS SAN ANTONIO SPURS

DENNY BULCAO, JR.

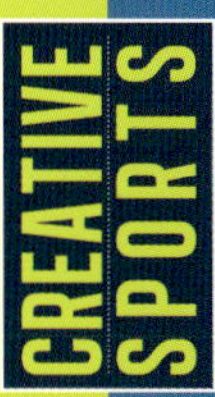

CREATIVE EDUCATION / CREATIVE PAPERBACKS

El base Tony Parker

Publicado por Creative Education y Creative Paperbacks
P.O. Box 227, Mankato, Minnesota 56002
Creative Education y Creative Paperbacks son sellos de
The Creative Company
www.thecreativecompany.us

Dirección artística de Tom Morgan
Producción de libros de Graham Morgan
Editado por Grace Cain

Imágenes de Alamy Stock Photo/Sean Pavone, 9; Getty Images/Andrew D. Bernstein, 6, Christian Petersen, 4, Fernando Medina, 2, Focus On Sport, 3, James Drake, 1, John Iacano, 15, Justin Ford, 20, Kent Smith, portada, 19, Michael Hickey, 5, Rocky Widner, 16, Rogers Photo Archive, 12, Ronald Cortes, portada, 10; Mark Sobhani/ZUMA Press, 7, Reuters, 24

Se ha hecho todo lo posible por contactar con los titulares de los derechos de autor del material reproducido en este libro. Cualquier omisión será rectificada en impresiones posteriores si se notifica al editor.

Library of Congress Cataloging-in-Publication Data
Names: Bulcao, Denny Jr. author.
Title: Los San Antonio Spurs / Denny Bulcao Jr.
Other titles: San Antonio Spurs. English
Description: Mankato, Minnesota : Creative Education and Creative Paperbacks, [2025] | Series: Creative sports. Campeones de la NBA | Ages 7-10 years | Audience: Grades 2-3 | Summary: "Elementary-level text translated into North American Spanish and dynamic sports photos highlight the NBA championship wins of the San Antonio Spurs, plus sensational players associated with the professional basketball team such as Victor Wembanyama"-- Provided by publisher.
Identifiers: LCCN 2024023441 (print) | LCCN 2024023442 (ebook) | ISBN 9798889898276 (lib. bdg.) | ISBN 9781682778869 (paperback) | ISBN 9798889898474 (ebook)
Subjects: LCSH: San Antonio Spurs (Basketball team)--Juvenile literature. | Basketball--Texas--San Antonio--History--Juvenile literature.
Classification: LCC GV885.52.S26 B8518 2025 (print) | LCC GV885.52.S26 (ebook) | DDC 796.332/6409764351--dc23/eng/20240712

Impreso en China

El alero/centro LaMarcus Aldridge

El alero Robert Horry

ÍNDICE

Hogar de los Spurs

San Antonio es una gran ciudad del centro-sur de Texas. Hace años, Texas quería independizarse de México. San Antonio fue el escenario de la famosa Batalla del Álamo en 1836. La ciudad tiene un **estadio** llamado Frost Bank Center. Es el hogar de un equipo de baloncesto llamado los Spurs.

El escolta Patty Mills

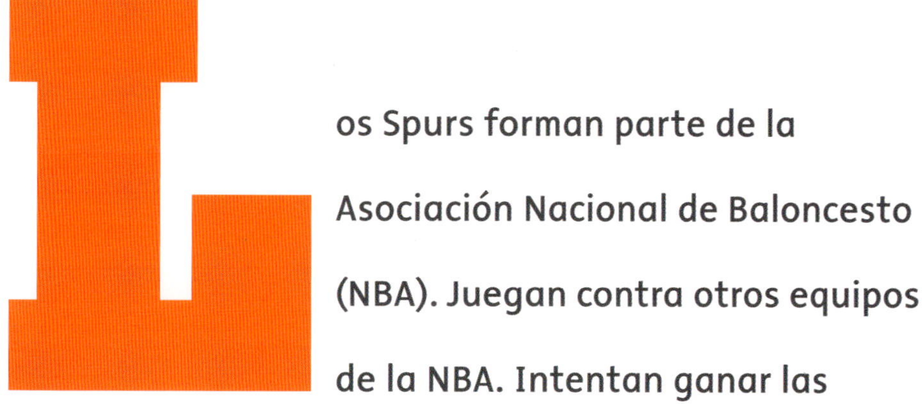

Los Spurs forman parte de la Asociación Nacional de Baloncesto (NBA). Juegan contra otros equipos de la NBA. Intentan ganar las **Finales de la NBA**. Los principales **rivales** de los Spurs son los Dallas Mavericks y los Houston Rockets. Juegan en la División Suroeste de la Conferencia Oeste.

El escolta George Gervin

Nombrando a los Spurs

El equipo se llamó primero los Dallas Chaparrals. Un chaparral es un matorral de pequeños árboles o arbustos. El nombre del equipo cambió a los Spurs cuando se trasladaron a San Antonio. Los rancheros de Texas a veces llevan espuelas en las botas para controlar a sus caballos.

Historia de los Spurs

El equipo empezó a jugar en 1967. Se trasladaron a San Antonio en 1973. Pasaron a llamarse los Spurs. El escolta James Silas ayudó a los Spurs a llegar a las **eliminatorias**. Uno de los favoritos de los aficionados era George Gervin. Le llamaban "Iceman" porque mantenía la calma cuando jugaba.

El escolta James Silas

El centro David Robinson

En 1989, David Robinson, un centro de 7 pies y 1 pulgada, llegó a los Spurs. El equipo fichó a más jugadores estrella. En 1997, eligieron al talentoso centro Tim Duncan. Robinson y Duncan ayudaron a los Spurs a proclamarse campeones de la NBA en 1999.

Coach Gregg Popovich llevó a los Spurs a tres **títulos** más en 2003, 2005 y 2007. El veloz escolta Tony Parker realizaba jugadas emocionantes. El escolta zurdo Manu Ginóbili era genial haciendo jugadas creativas y tiros impresionantes.

Los Spurs llegaron a las Finales en 2013, pero perdieron contra el Miami Heat en siete partidos. En las Finales del año siguiente hubo revancha. Los Spurs ganaron su quinto título de la NBA al vencer al Heat en cinco partidos.

El centro/alero Tim Duncan

El centro Victor Wembanyama

Otras estrellas de los Spurs

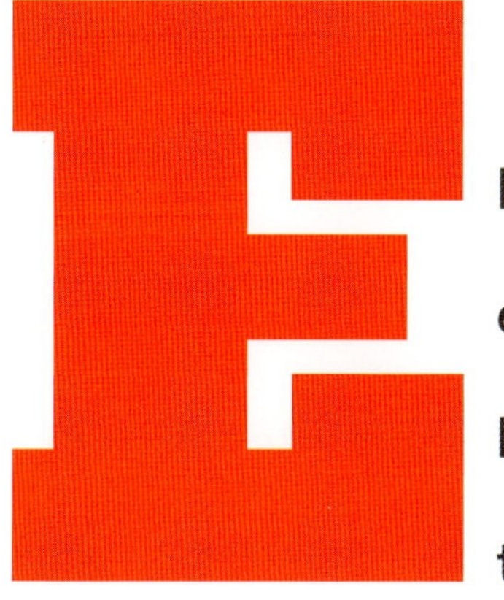

l alero Larry Kenon fue una estrella en la década de 1970. Alvin Robertson lideró la NBA en robos durante tres temporadas. En los 90, Sean Elliott hizo grandes tiros. El duro alero Bruce Bowen estuvo cinco veces en el equipo All-Defensive First en los 2000.

Kawhi Leonard llevó a San Antonio a su quinto campeonato en 2014. Fue **defensor** y uno de los mejores anotadores. Fue nombrado **Jugador Más Valioso (MVP)** de las Finales de 2014. Los aficionados creen que el joven estrella Victor Wembanyama puede llevar a los Spurs a otro campeonato.

Acerca de los Spurs

Primera temporada: 1967-68

Conferencia/división: Conferencia Oeste, División Suroeste

Colores del equipo: negro y plata

Estadio local: Frost Bank Center

CAMPEONATOS DE LA NBA:

1999, 4 partidos a 1 sobre los New York Knicks

2003, 4 partidos a 2 sobre los New Jersey Nets

2005, 4 partidos a 3 sobre los Detroit Pistons

2007, 4 partidos a 0 sobre los Cleveland Cavaliers

2014, 4 partidos a 1 sobre el Miami Heat

PÁGINA WEB DEL EQUIPO:

https://www.nba.com/spurs/

Glosario

defensor—un jugador que impide que el otro equipo anote

eliminatorias—partidos que juegan los mejores equipos después de la temporada regular para ver quién será el campeón

estadio—un edificio grande con asientos para espectadores, donde se celebran partidos deportivos y eventos de entretenimiento

Finales de la NBA—una serie de partidos entre dos equipos al final de las eliminatorias; el primer equipo que gana cuatro partidos es el campeón

Jugador Más Valioso (MVP)—un honor otorgado al mejor jugador de la temporada

rival—equipo que juega más duro contra otro equipo

título—otra palabra para campeonato

El centro/alero Tim Duncan

Índice